IL LIBRO "PROMUOVERE E PROSPERARE: STRATEGIE PER LA CRESCITA DELLE IMPRESE"

Contenuto

4

PRIMA

Che cos'è il marketing aziendale?

Per raggiungere il pubblico di destinazione, inviare loro messaggi e aumentare le vendite di prodotti e servizi, molte organizzazioni e aziende utilizzano varie tattiche di marketing, come la pubblicità aziendale. Per raggiungere il loro obiettivo, potrebbero utilizzare una varietà di strategie, tra cui pubbliche relazioni, vendita personale e marketing diretto. Scegliendo la migliore strategia di marketing per la tua attività, puoi aumentare i tuoi profitti e costruire una solida reputazione. Questo articolo copre la definizione di promozione commerciale, la distinzione tra essa e la pubblicità e una discussione delle sue numerose forme.

Che cos'è il marketing aziendale?

Per la risposta alla domanda "Cos'è il supporto commerciale?" Puoi indagare su cosa include e quali sono le sue molteplici varianti. Le aziende utilizzano la promozione commerciale come metodo per aumentare le vendite dei loro beni e servizi. Fa parte del marketing mix, che include anche gli elementi di prodotto, prezzo, posizione e pubblicità. L'uso di diverse piattaforme fa parte del marketing commerciale, il cui scopo è attirare i clienti all'acquisto.

La pubblicità e la promozione commerciale hanno scopi diversi.

Le categorie esatte in cui rientrano il marketing aziendale e la pubblicità sono solo una delle differenze tra loro. Le altre distinzioni sono:

definizione

L'obiettivo del marketing aziendale è aumentare le vendite convincendo le persone a comprare cose. Brochure, social media e vendite dirette da persona a persona sono alcuni dei modi in cui le aziende lo fanno. La pubblicità informa le persone su un prodotto o servizio attraverso una rete sponsorizzata, come gli spot televisivi. Parte del marketing aziendale è la pubblicità.

Obiettivi

Lo scopo della pubblicità aziendale è attirare i clienti che hanno già familiarità con un prodotto, servizio o marchio per acquistarlo. L'obiettivo principale di questo esercizio è aumentare le vendite. La pubblicità raggiunge i consumatori che possono o meno essere a conoscenza di un particolare marchio . Costruire la reputazione di un marchio è l'obiettivo principale della pubblicità. Le strategie di supporto al marketing hanno un impatto immediato, mentre la pubblicità può richiedere del tempo per avere un impatto.

Tecnologia

Mentre la pubblicità commerciale è più diretta, la pubblicità utilizza una tecnica indiretta per aumentare la consapevolezza di un prodotto.

Qual è il mercato di riferimento?

Un pubblico di destinazione è una fascia demografica specifica che ha maggiori probabilità di acquistare il tuo prodotto o servizio. Come puoi vedere nel grafico qui sotto, è fondamentale per tutti i tuoi piani di targeting e pubblicità.

Si differenzia dal targeting per persona (raggruppamenti ideali di persone che sono clienti ideali), che è molto più ampio e copre gruppi che "potrebbero essere interessati".

Gruppi target tipici

Una strategia intelligente per assicurarti di connetterti e influenzare le persone che hanno maggiori probabilità di diventare clienti è definire il tuo pubblico di destinazione.

La BMW, ad esempio, ha un mercato di riferimento specifico per il quale offre una varietà di auto (e ora esperienze) basate sulla "macchina da guida definitiva".

Sebbene BMW sia nota per i suoi clienti molto fedeli, l'azienda è anche alla ricerca attiva di nuovi clienti. Sebbene i clienti facoltosi siano il principale target di riferimento dell'azienda, dirige anche la sua pubblicità a una vasta gamma di persone in tutto il mondo.

Come trovare e connettersi con il tuo pubblico di destinazione

Ogni azienda dovrebbe avere un'idea del proprio mercato di riferimento, ma nel marketing B2B può essere particolarmente utile sviluppare personaggi target che vanno molto più in profondità. Qui puoi utilizzare profili basati sulla ricerca che identificano i tuoi potenziali clienti per aiutarti a creare contenuti specifici per loro e per le loro esigenze.

Modi efficaci per creare una grande identità di marca?

I clienti moderni vogliono essere collegati alla voce, al messaggio e all'immagine del marchio di un'azienda, non solo a un prodotto specifico. Tuttavia, costruire un marchio è più un processo che una semplice azione. Gli imprenditori devono scegliere le migliori strategie per commercializzare la propria identità di marca e "viverla" costantemente, conoscere il proprio lavoro e i propri consumatori.

Concentra il tuo brand sulla tua storia

I consumatori esperti cercano modi per connettersi e identificarsi con i beni e i servizi che acquistano. Ritrovarsi nella tua storia di origine è un modo potente per i consumatori di connettersi con il tuo marchio. La tua storia aziendale dovrebbe presentare l'ispirazione per il tuo sviluppo in modo che i tuoi clienti target possano relazionarsi e sviluppare un senso di lealtà nei tuoi confronti.

Assicurati che il cliente sia soddisfatto. Mantiene la promessa del marchio

Considera come l'effettiva esperienza del consumatore riflette la promessa del marchio. Ad esempio, in che modo i punti di contatto con i clienti riflettono l'orientamento alla fiducia della promessa del marchio? La tua fattura riporta solo la penale per il mancato pagamento? In che modo ciò adempie all'obbligo? È importante pensare a come ogni

fase del percorso del cliente si collega al tuo marchio.
Assicurati che piaccia ai membri del tuo team.

I leader aziendali spesso dimenticano che i loro dipendenti sono i migliori ambasciatori del loro marchio. Rafforzerai il tuo marchio più del previsto trattando i tuoi dipendenti con rispetto, facendoli sentire apprezzati e apprezzati per il lavoro per cui sono stati assunti e dando loro la libertà di innovare. Concentrati sui tuoi clienti interni; Tu pensa al resto.
Inizia con un forte senso di sé.

Quando non sai come ti vedono le persone che vuoi raggiungere, è quasi difficile sviluppare una strategia di brand di grande successo. Comprendere il valore della tua attività unica è fondamentale, ma implica più che vantarti con gli altri di quanto sei bravo in quello che fai. Non confondere i due. Ecco perché le grandi aziende spendono molti soldi per i focus group.

Distinguiti dalla concorrenza

I marchi che soddisfano la domanda di mercato insoddisfatta si differenziano dalla concorrenza. Uno che combina passione e onestà, qualcosa che catturano e trasmettono con coraggio al pubblico. Tuttavia, molti brand manager esitano a provare cose nuove o ad avventurarsi nell'ignoto. Essere paragonabili all'opposizione è fatale. Il mercato è affamato di novità, quindi daglielo e loro compreranno.

Per creare uno slogan e un logo:
7 suggerimenti per la messa a fuoco.

Ha senso:

• Invia un messaggio che il tuo pubblico di destinazione prenderà sul serio e capirà.

• Rendilo indimenticabile.

• Presa

• Dillo ad alta voce

• Incorporalo nel design del tuo logo. fare ciò che sai fare

• Cosa rende memorabile il design di un logo?

• Elementi importanti nella creazione di un design del logo memorabile Devi assicurarti che il design del tuo logo sia semplice ma distintivo.

Crea una presenza digitale

Nel 2023 ci siamo resi conto che nulla è certo quando si tratta di piccole imprese. Le aziende sono cambiate, i modelli di business sono stati sconvolti, le abitudini e i comportamenti dei consumatori sono cambiati. L'introduzione di nuove tecnologie e l'adozione di metodi digitali hanno svolto un ruolo importante in molti di questi miglioramenti.

Ora diamo un'occhiata a come l'utilizzo delle tattiche digitali può aiutarti a creare una forte presenza online, raggiungere più nuovi clienti, aumentare il coinvolgimento con la tua attuale base di clienti e aumentare il profilo dell'intera attività. Devono raggiungere i consumatori dove si trovano ora, ovvero online, perché il comportamento dei consumatori è cambiato.

Scegli il miglior costruttore di siti Web per il tuo sito Web per piccole imprese.

Puoi creare il tuo sito Web utilizzando uno dei vari costruttori di siti Web disponibili. Alcuni si basano su capacità di progettazione e codifica di base, mentre altri fanno proprio questo.

Investi in un dominio

Se vuoi ispirare fiducia online e convincere i clienti che sei un vero affare, la tua azienda ha bisogno di un nome di dominio. Possedere il tuo nome di dominio migliora il posizionamento nei motori di ricerca e protegge il tuo marchio.

Pensa al tuo nome di dominio come alla versione Internet della tua posizione fisica. Determina come le persone ti trovano online.

Quale dovrebbe essere allora il tuo nome di dominio? Quando scegli un nome di dominio, cerca di mantenerlo il più breve e pertinente possibile per la tua attività. Per incoraggiare i clienti a tornare (e magari consigliarlo ai loro amici!), assicurati che sia pertinente alla tua attività, facile da trovare e preferibilmente facile da ricordare.

Quando scegli il tuo nome di dominio, ci sono una serie di cose da evitare, inclusi numeri, trattini e abbreviazioni. Naturalmente, è anche molto importante assicurarsi di poter effettivamente acquistare il nome di dominio desiderato. Non c'è niente di peggio che scegliere un nome di dominio e persino creare account di social media solo per scoprire che sei già preso.

la pagina di benvenuto

Pensa alla home page del tuo sito come all'ingresso. Questa è la tua occasione per fare una buona prima impressione ed evidenziare le caratteristiche chiave del tuo prodotto o servizio. Considera che i consumatori non hanno molto tempo e le decisioni sul tuo sito web vengono prese in soli 0,05 secondi (!!!).

Quando progetti la tua home page, è importante pensare: "Per chi è questo?" Questo vale sia per il tuo sito web che per l'intera attività. Assicurati che la tua home page indichi chiaramente se stai prendendo di mira un gruppo o un settore specifico. Può essere comunicato attraverso parole, immagini o, meglio ancora, entrambi.

Spiega chiaramente ai tuoi visitatori cosa fare dopo. Vuoi che le persone acquistino da te, ti chiamino o si iscrivano alla tua mailing list? L'ultima pagina o azione che i visitatori intraprendono sul tuo sito web non dovrebbe essere la tua home page.

La biografia della tua home page
Ogni piccolo imprenditore ha una storia da raccontare. Cosa ti ha spinto a iniziare? Che problema stai cercando di risolvere? Perché dai valore alla tua attività? Dovresti raccontare questa storia nella tua pagina Informazioni.

A volte sembra a disagio o costretto a parlare di sé. Tuttavia, raccontando la storia della tua piccola impresa, dai a un potenziale cliente o sostenitore l'opportunità di saperne di più su di te di quanto potrebbe altrimenti. Spiega perché dovrebbero essere interessati a ciò che fai e cosa distingue la tua azienda dalla concorrenza.

Condividi anche tutti i film e le foto che hai. Sebbene sia un volto familiare nell'ufficio di Constant Contact, Dawn a La Provence non ama essere fotografata o condivisa online. Anche se consigliato, abbiamo scelto di includere la famosa porta di La Provence nella tua pagina Informazioni invece di una foto di te e del tuo staff. Sotto la foto, Dawn fornisce informazioni sulla storia del negozio, la sua ascesa alla proprietà e l'ubicazione.

pagina di contatto per te

Fondamentalmente, una pagina di contatto è necessaria solo affinché i tuoi clienti possano contattarti. È importante essere chiari su ciò che i visitatori si aspettano da te quando ti contattano. Quando risponderai di nuovo? Cosa ti aspetti che presentino? Quali dettagli devi assolutamente includere nel tuo messaggio?

È una buona idea includere i dettagli dei tuoi dati di contatto e dove e quando i clienti possono trovarti. Mentre è probabile che la maggior parte delle persone utilizzi il modulo di contatto, altri potrebbero desiderare una risposta urgente e preferire chiamare o passare a trovarci. Fornire il tuo indirizzo, i dettagli di contatto e gli orari di apertura in questa pagina renderà questo processo più semplice.

In che modo le aziende possono utilizzare i social network per il loro marketing?

I social media sono un ottimo modo per entrare in contatto con i tuoi clienti e vedere cosa dicono gli altri della tua attività. App mobili, omaggi e pubblicità sui social media sono altri possibili usi. I social media possono aiutare la tua azienda ad attrarre clienti, raccogliere feedback dei clienti e fidelizzare.

Quanto vengono utilizzati i social media per fare pubblicità ad altre aziende?

Come creare una strategia di social media marketing B2B efficace Sincronizza i tuoi obiettivi con quelli della tua attività.

Sii consapevole delle opportunità sociali.

Tieni d'occhio i tuoi clienti.

Usa le giuste piattaforme di social media.

Crea contenuti B2B da una nuova angolazione.

Analizza le tue statistiche per vedere i tuoi progressi.

Cos'è esattamente il marketing SEO?

L'ottimizzazione per i motori di ricerca (SEO) comporta il posizionamento del tuo sito Web in modo che appaia più in alto su una SERP (pagina dei risultati dei motori di ricerca) per attirare più visitatori. Il posizionamento delle parole chiave nella prima pagina dei risultati dei motori di ricerca per il tuo mercato di riferimento è una pratica comune.

Descrivi SEO. Come funziona?

L'arte e la scienza di migliorare la posizione di una pagina nei motori di ricerca come Google si chiama ottimizzazione web (SEO). Poiché la ricerca è uno dei modi principali in cui i consumatori scoprono i contenuti online, il traffico di un sito Web può aumentare man mano che si posiziona più in alto nei motori di ricerca.

Come puoi usare la SEO per commercializzare un'azienda?

8 consigli SEO per le piccole imprese

1. Scegli parole chiave logiche.
2. Presta attenzione ai tuoi oggetti unici.
3. Crea collegamenti al tuo sito Web invece di riempirlo di parole chiave.
4. Produci un sacco di prima classe,
5. Materiale pubblicabile.
6. Partecipa alle attività sui social media.
7. Assicurati che il tuo sito web sia facile da navigare.
8. Analizzare i risultati.

Cos'è una strategia di promozione dei contenuti?

La pratica di condividere post di blog e altre risorse attraverso canali a pagamento e gratuiti. Pertanto, la pubblicità degli influencer, le pubbliche relazioni, l'e-mail marketing, i social media e la syndication sono noti come pubblicità dei contenuti.

Cosa include il marketing dei contenuti aziendali?

Una forma di pubblicità nota come "content marketing" è la creazione e la distribuzione di contenuti online allo scopo di incoraggiare i lettori a visitare il sito Web di un marchio, non solo per promuoverlo. L'uso dello storytelling e della condivisione delle informazioni aiuta ad aumentare la consapevolezza del marchio.

In che modo il content marketing può essere utilizzato per promuovere la mia attività?

1. Come utilizzare il content marketing per far crescere la tua attività
2. Determina l'obiettivo del tuo mercato.
3. Cerca termini pertinenti.

4. Scegli e alloca le tue risorse.
5. Devi pianificare la tua squadra.
6. creare contenuti
7. Fai pubblicità al pubblico di destinazione che desideri.
8. Aggiungi i risultati.

Quali approcci legati al marketing sono supportati dai social media?

Marketing sui social media basato su buffer

Alcune aziende utilizzano i social media per aumentare la consapevolezza del marchio, mentre altre lo utilizzano per indirizzare le vendite e il traffico verso il proprio sito web. L'utilizzo dei social media può anche aiutarti a creare una community, aumentare la visibilità del tuo marchio e offrire ai clienti un modo per contattarti per l'assistenza clienti.

Quali sono i cinque metodi di marketing delle piattaforme di social media?

Cinque consigli per un social media marketing efficace

Crea un piano d'azione. Ogni piattaforma richiede un approccio unico.

Sii affidabile. Anche se la frequenza di pubblicazione varia in base alla piattaforma, è sempre una buona idea postare frequentemente.

Crea contenuti interessanti e coinvolgenti per aumentare il coinvolgimento.

Monitoraggio e analisi delle metriche.

Qual è il marketing digitale più efficace per le aziende?

- Facebook,
- Cinguettio,
- Instagram,
- Linkedin,
- Snapchat,
- E
- interesse

Alcune delle piattaforme più utilizzate per costruire marchi e gestire campagne di marketing?

Cos'è l'email marketing per la pubblicità?

Definizione. Un'e-mail promozionale verrà inviata alla mailing list che promuove il tuo prodotto o servizio nuovo o esistente. I messaggi promozionali vengono inviati per informare le persone su nuovo materiale, offerte speciali o offerte.

Come funziona l'email marketing?

L'email marketing può essere utilizzato per informare gli abbonati all'elenco che mantieni di nuovi prodotti, sconti e altri servizi. Un'altra strategia di marketing più sottile è educare il pubblico sui vantaggi della tua attività o mantenere la loro attenzione dopo la vendita.

Quali sono i quattro tipi di email marketing?

Ecco 4 fantastiche strategie di email marketing che puoi utilizzare, insieme ad alcuni esempi.

Newsletter e-mail. Le newsletter via email, note anche come email transazionali, sono una delle iniziative di email marketing più diffuse e apprezzate.

Conservazione della posta elettronica. email promozionali.

In che modo l'email marketing può essere utilizzato per promuovere un'attività?

Suggerimenti per progettare una proficua campagna di email marketing

Seleziona una mailing list pertinente.

Crea la tua e-mail.

Personalizza l'oggetto e il corpo della tua email.

Sii amichevole e attraente.

Configura i follow-up.

Le e-mail devono essere inviate da una persona reale.

Esegui un test A/B sulle tue email.

Segui le regole di messaggistica per evitare lo spam.

Cos'è la pubblicità sponsorizzata nella pubblicità?

Lezione di marketing digitale: pubblicità a pagamento - DMI
Qualsiasi posizionamento o spazio multimediale deve essere acquistato per il materiale da pagare per scopi di marketing. Di solito si tratta di annunci o spot pubblicitari progettati specificamente per segmentare il tuo pubblico. La pubblicità a pagamento è un modo fantastico per determinare l'efficacia dei tuoi contenuti e la risposta del tuo pubblico al tuo messaggio di marketing.

Che tipo di pubblicità viene pagata?

Quali sono i vantaggi degli annunci a pagamento?

La pubblicità online che acquisti si chiama, come suggerisce il nome, pubblicità a pagamento. Pay-Per-Click (PPC), pubblicità programmatica come Google Ads, Google Display, Facebook Ads, Youtube Ads, LinkedIn Ads, Google e Facebook retargeting e molti altri sono alcuni esempi di pubblicità a pagamento.

Come posso commercializzare la mia attività e fare soldi allo stesso tempo?

Infine, ti incoraggerà a trovare modi nuovi e originali per promuovere la tua pubblicità.

Rete con una società di pubblicità automobilistica. Vendi spazio pubblicitario sul tuo podcast. Vendi spazi pubblicitari sul tuo sito web.
Vendi la schermata di blocco del tuo telefono. Recensisci i prodotti sui siti di social network.
Diventa una potente influenza.
Invia guest post.

Come posso convincere gli influencer a supportare la mia attività?

Il segreto per convincere gli influencer ad approvare i tuoi post è spiegare perché pensi che sarebbero adatti alla tua attività. Spiega al produttore di contenuti perché ti piacciono e in che modo supportano gli obiettivi della tua campagna e i valori del marchio.

Quali vantaggi può offrire l'influencer marketing alle aziende?

Lavorare con influencer può aiutare la tua azienda a fare scalpore online. Inoltre, puoi aumentare il coinvolgimento del pubblico, la reputazione del marchio e i tassi di conversione. È giunto il momento che i professionisti del marketing e gli imprenditori comprendano e sfruttino il valore dell'influencer marketing.

Cosa includono le società commerciali?

Le collaborazioni sono accordi e azioni tra organizzazioni che accettano di condividere le risorse per raggiungere un obiettivo comune. Le collaborazioni richiedono la partecipazione di almeno due parti disposte a scambiare risorse come denaro, informazioni e persone.

Che ruolo giocano le alleanze e la cooperazione nel mondo degli affari?

La collaborazione ha diversi vantaggi e, se eseguita correttamente, può aumentare notevolmente il coinvolgimento, il benessere e la produttività dei dipendenti. Per avere successo, un'azienda collaborativa ha bisogno di tre elementi essenziali: una cultura collaborativa, le giuste tecnologie e obiettivi chiaramente articolati.

Che cos'è il marketing del marchio attraverso la collaborazione aziendale?

Come aumentare i tuoi follower su Instagram attraverso collaborazioni con i brand...

Le partnership Brand-x-Brand si formano quando due o più aziende lavorano insieme per creare qualcosa di distintivo e originale per una campagna, aiutandosi a vicenda a crescere.

Strategia di marketing locale: che cos'è?

L'obiettivo del marketing locale è raggiungere le persone che vivono nella stessa città o regione della tua attività. Questa parte della tua strategia di marketing si rivolge ai clienti che potrebbero potenzialmente acquistare i tuoi prodotti o servizi in qualsiasi momento e che si trovano entro un certo raggio dalla sede effettiva della tua attività, solitamente in base alla distanza in auto.

Come posso promuovere la mia attività nel mio quartiere?

- Come promuovere la tua attività a livello locale
- Unisciti alle organizzazioni regionali.
- Organizza tornei e gare.
- Offri vantaggi e incentivi locali.
- Connettiti con influencer e aziende nella tua zona.
- Elenca la tua attività in tutte le directory locali.
- Metti il tuo logo sulle macchine.

- Sponsorizza un gruppo o un'attività

Cosa sono le testimonianze e le recensioni?

Le recensioni sono l'opinione impulsiva e onesta di un consumatore sul proprio acquisto, sia positiva che negativa. D'altra parte, le testimonianze sono solo aneddoti positivi dei clienti raccolti con aspetti di marketing.

Cosa include una testimonianza?

Esempi di testimonianze pubblicitarie da rubare che puoi...
Il commento di un cliente su come un prodotto o un servizio lo ha aiutato di solito è un'approvazione.

Questo è chiamato un certificato di raccomandazione. Uno dei modi migliori per vendere la tua attività è attraverso la pubblicità di testimonianze che sfrutta le testimonianze dei clienti reali nel linguaggio pubblicitario e nella creatività.

Come vengono utilizzate le recensioni e le raccomandazioni dei consumatori?

- Posiziona le testimonianze sulle pagine di destinazione.
- Includi testimonianze nelle e-mail di marketing.
- Usa le testimonianze dei clienti nei tuoi annunci sponsorizzati.
- Incorpora i report nel tuo blog.

- Affiggere cartelli vicino alla CTA.
- Pubblica recensioni sui social media.
- Trasforma le testimonianze dei clienti in storie di successo.
- Non ignorare le recensioni negative.

Qual è l'approccio dell'analisi di marketing?

Cos'è un'analisi di marketing? Una valutazione di marketing è un processo che ti consente di comprendere le molteplici segmentazioni demografiche e di pubblico del tuo mercato di riferimento, nonché le tattiche di coinvolgimento di successo, il percorso del cliente e le tecniche di ottimizzazione delle conversioni.

49

Quali sono i quattro diversi tipi di tattiche di marketing?

La pubblicità tradizionale e su Internet, la vendita faccia a faccia, la vendita diretta, le pubbliche relazioni, le sponsorizzazioni e le promozioni sono esempi di tipi di strategie pubblicitarie.

Come posso promuovere la mia attività offline?

Biglietti da visita per la tua piccola impresa - concetti di marketing offline. Uno dei modi migliori per promuovere la tua attività è spendere soldi per biglietti da visita di qualità.

Crea volantini e brochure.

Crea un libro, cambia marchio, offri sconti, ecc.

Invia cartoline e regali di Natale.

promozione   incrociata.
partecipazione alla comunità.

Programmi fedeltà: cosa sono?

Come aumentare la partecipazione ai programmi di fidelizzazione dei clienti...

Un approccio sistematico alla fidelizzazione del cliente che mira a premiare i clienti è un programma di fidelizzazione. L'obiettivo è convincere le persone a continuare ad acquistare dalla tua attività e non dalla concorrenza. Inoltre, aumenta la fiducia dei clienti nel tuo marchio.

Quali vantaggi possono offrire alle aziende i programmi di fidelizzazione della clientela?

I programmi fedeltà possono aiutare le aziende a mantenere i loro clienti più importanti con incentivi unici. Puoi anche raccogliere importanti dati di marketing, aumentare i referral e fare altre cose. Anche i professionisti del marketing adorano i programmi fedeltà, quindi non sono solo per i clienti.

Cosa sono i programmi di fidelizzazione dei clienti e come li utilizzano le aziende?

Cos'è un programma fedeltà? I clienti che interagiscono con un marchio vengono spesso premiati con programmi di fidelizzazione. È un metodo per fidelizzare i clienti incoraggiandoli a continuare ad acquistare dalla tua azienda e non da uno dei tuoi concorrenti. I clienti ottengono più incentivi quanto più spendono o interagiscono con l'azienda.

Buona lettura